LES
CONFÉRENCES DE 1856

ET

LES NATIONALITÉS

PAR

JOSEPH REITZENHEIM,

Si vis pacem para bellum.

PARIS

CHEZ E. DENTU, LIBRAIRE,

PALAIS-ROYAL, 13, GALERIE VITRÉE.

1856

LES CONFÉRENCES DE 1856

ET

LES NATIONALITÉS.

Des conférences pour la conclusion de la paix, et qui pourraient dans l'avenir prendre les allures d'un congrés européen, ont lieu dans ce moment à Paris. Après avoir vu l'entrée triomphale de la reine d'Angleterre et la réception cordiale du roi Victor-Emmanuel ; après avoir fêté d'une allégresse générale la prise de Sébastopol, et avoir reçu avec un enthousiasme sans égal les soldats héroïques revenant de Crimée, la capitale de la France va assister à un spectacle tout nouveau pour elle. Les représentants des puissances belligérantes vont se réunir dans ses murs pour le grand œuvre de la pacification, et seront assistés par des envoyés d'autres États, dont les intentions, pendant la durée de la guerre, ne se dessinèrent pas d'une manière parfaitement claire.

La première impression nécessairement produite par cette phase inattendue de la guerre d'Orient une fois passée, on sera porté à se demander quelles ont été les considérations qui ont pu décider les alliés à présenter à la Russie les quatre points connus, et dont les conférences présentes, ajoutant un cinquième, ne seront que la suite naturelle. Pour résoudre cette question il faut examiner successivement :

1° Les dispositions actuelles de la France et de l'Angleterre ;

2° Les relations politiques et les alliances de ces deux Etats avec les autres puissances ;

3° La situation militaire du moment.

I

La différence du sentiment dans les deux pays de l'alliance occidentale, au sujet de la guerre, saute aux yeux. En France, c'est le gouvernement qui, jusqu'à présent, a entraîné les populations ordinairement si belliqueuses, mais dans cette circonstance si peu émues ; c'est le gouvernement, aidé d'un certain nombre de gens éclairés, dévoués, et soutenu par l'éclatante bravoure de l'armée, qui a fait accepter à la nation cette guerre, nullement populaire dès son début. Il n'a pas réussi toutefois en entier, malgré que l'honneur national dût se trouver infiniment flatté de la nouvelle gloire militaire acquise à la France, et que l'influence politique du pays vient de faire un pas immense. Certes, il est vraiment étonnant que cette nation française, si mécontente de son inactivité durant le règne de Louis-Philippe et la République de 1848, se trouve aujourd'hui opposée à une guerre généreuse, et qui devrait lui être sympathique, aussi bien par son principe que par les causes qui l'ont provoquée.

On voit cependant le contraire; une certaine partie de la presse et de l'opinion publique s'y opposent, et cela, dans un moment où les sacrifices essentiels se trouvent faits. Cherchons les causes d'un sentiment, qui paraît être si peu en harmonie avec le caractère de la nation.

Le commerce du pays a-t-il diminué dans les deux dernières années? On peut répondre que non, et qu'au contraire, par suite des relations récentes avec l'Orient, la marine marchande française de la Méditerranée est devenue une véritable flotte. L'influence russe une fois entièrement réduite dans la mer Noire, la flotte dont nous parlons semble destinée à renouveler dans ces parages, les souvenirs et les prospérités de Venise et de Gênes. Marseille, Bordeaux, et les autres villes du Midi semblent destinées à prendre naturellement la place de ces anciennes métropoles du commerce levantin.

Mais, demandera-t-on, les finances n'ont-elles pas souffertes? les revenus n'ont-ils pas diminués? Le dernier rapport du ministre des finances atteste, au contraire, une augmentation considérable dans les recettes; et la confiance dans les ressources du Trésor a si peu disparue, qu'on a vu la nation prêtant l'année passée plus d'un milliard au gouvernement, prouver par là que le Grand-Livre de la dette publique lui semble toujours la meilleure hypothèque.

Il serait vraiment difficile de concevoir les causes réelles de cette indifférence pour la guerre

actuelle, je dirais même de ce sentiment d'oppot
sition contre sa continuation, si on ne songeait
d'un côté aux réminiscences, qui ne permetten
pas encore à beaucoup de Français d'accepter l'alliance anglaise sans une certaine réserve; de
l'autre, à l'action malfaisante de ces partis, qui ont
pour règle de s'opposer à toute initiative, à toute
action, même la plus salutaire, qui ne dérive pas
d'eux. N'oublions pas non plus les nombreux
agents de l'étranger qui agissent de mille manières
pour fausser l'opinion publique. Il est donc d'autant plus méritoire pour le gouvernement, en
France, d'avoir fait accepter la guerre dans ces
circonstances, et d'avoir déjà atteint de si grands
résultats moraux, en dépit de tant d'entraves.

L'Angleterre nous présente le spectacle contraire. Là, c'est l'opinion publique, représentant la
masse de la nation, qui a entraîné le gouvernement à la guerre contre les Tzars; c'est elle qui
appuya les hommes d'État qui entraient dans ses
vues, et renvoya ceux dont elle était moins
sûre ou dont le caractère lui semblait moins solide;
et nous y voyons en ce moment le spectacle sin-
gulier de personnages politiques opposés en principe à cette lutte, se taisant complétement lorsque
les affaires paraissent prendre une tournure favorable à leurs idées, quoique la presse et la
tribune soient entièrement à leur disposition, et
cela afin de ne point augmenter les difficultés de
la position de leurs adversaires, aujourd'hui au
pouvoir, et chargés de l'immense responsabilité de
la guerre engagée. C'est que l'Anglais comprend
parfaitement la haute importance de cette guerre
dans sa partie morale, comme dans ses conséquences matérielles. John Bull est patriote avant
tout, et sait démêler avec un rare instinct les inté-

rêts de sa patrie, devant lesquels toute considération d'esprit de parti se tait et toute faction dispa-
raît. Voilà pourquoi, lorsque l'opinion publique
se prononce si énergiquement en Angleterre contre
la conclusion d'une paix trop hative, aucune voix
ne s'y prononce ouvertement dans le sens contraire. On dit que les Anglais sont des marchands,
cela est vrai ; mais, au moins, ils savent traiter
les affaires en grand. Londres est leur comptoir, et
leurs entrepôts sont répandus sur le globe entier.
Ils ne sont pas comme ces petits trafiquants qui
s'effrayent à l'aspect de la moindre affaire hasar-
deuse, se contentent de leurs petits bénéfices et
se retirent du commerce avec de médiocres pro-
fits. Pour les Anglais, et peut-être pour d'autres
qu'eux, la guerre actuelle est une affaire en gros,
qui ne doit pas être arrêtée par une transaction,
fruit de protocoles et de conférences. C'est pour
cela qu'ils en veulent la continuation énergique,
avec le même zèle qu'ils y ont mis dès le début ; et
ils se montrent de cette manière aussi patriotiques
que conséquents. Ce qu'on dit de leur amour-
propre blessé, et du désir qu'ils éprouvent d'ef-
facer dans de prochains combats quelques non-
réussites de leurs armes dans la campagne précé-
dente, ne nous paraît nullement fondé. Personne ne
conteste leur valeur, seulement ils sont plus guer-
riers que militaires. Leur bravoure va de pair avec
celle des Français ; seulement ceux-ci ont su être
plus heureux ; mais souvent les efforts seuls méri-
tent déjà la palme, n'importe à quel point le succès
les ait couronnés. La flotte anglaise unie à celle de
la France, a, dans la mer Noire, forcé les vaisseaux
du Tzar de s'exécuter eux-mêmes. Et après avoir
versé leur poison à Sinope, ces navires ennemis,
entourés d'un cercle de feu par les marines alliées,

furent forcés de se détruire, comme le scorpion quand il ne voit plus d'issue. La présence de la marine anglaise a été, certes, pour moitié dans ce résultat, quoique de plus grands avantages doivent en revenir à la France comme nous l'avons dit plus haut.

L'armée anglaise a glorieusement contribué à la victoire de l'Alma, et ses bataillons, foudroyés à Inkermann, ont laissé la moitié de leur monde sur le champ de bataille, mais n'ont pas cédé un pouce de terrain, en arrêtant ainsi l'armée du Tzar et sauvant toute l'armée alliée, fortement attaquée dans son flanc droit. C'est cette résistance désespérée qui a donné le temps au Bayard de l'armée d'Orient au général Bosquet, d'arriver, de voir et de vaincre. Ce n'est pas la première fois que les anglais maintenaient le champ de bataille en y perdant une grande partie de leurs troupes ; mais toujours les survivants restaient victorieux. Dans tout ceci, l'honneur militaire de l'armée anglaise est pur et sans tache. Le vouloir nier, serait faire preuve d'un esprit aussi étroit que borné. Si l'Angleterre veut la continuation de la guerre, ce n'est que parce qu'elle désire atteindre les résultats indispensables, afin d'assurer une paix qui ne saurait sortir encore aujourd'hui des ambiguïtés des conférences. Le sentiment de la majorité en France paraîtrait, au contraire, vouloir se contenter d'un résultat bien légitime, mais plutôt purement moral, et peut-être par là insuffisant. Nous voulons parler de la gloire acquise par les Français en Orient. En examinant l'état du sentiment public en France et en Angleterre, nous avons cherché à en expliquer les sources et nous croyons en avoir saisi quelques-unes.

II

Les envahissements continuels de la Russie, cette puissance étant la seule, qui se soit démesurément agrandie depuis plus d'un siècle, et à laquelle presque tous les mouvements politiques survenus depuis aient profité, ces envahissements ont enfin décidé l'Europe occidentale à s'opposer à la prétention des Tzars, de vouloir s'emparer — de la position centrale du monde ancien, de Constantinople. Une sorte de croisade fut prêchée et exécutée contre cette puissance, comme elle l'avait été, en 1812, par Napoléon ; mais le but différait aujourd'hui de celui d'autre fois : alors, c'était le génie conquérant d'un seul qui guidait des armées innombrables ; aujourd'hui, c'est dans l'intérêt et pour la sûreté de tous qu'on a fait battre la générale. Aussi les alliés et les auxiliaires sont-ils changés !

Les amis anciens, et presque continuels des Romanow dans les guerres mémorables soutenues contre la première République et le premier Empire, les Anglais sont aujourd'hui contre le gouvernement de Saint-Pétersbourg ; et c'est le même motif qui les avait décidés autrefois à lutter aussi opiniâtrément contre la France qui les fait agir aujourd'hui de même contre la Russie ; Pitt se trouvant de nos jours à la tête du gouvernement anglais aurait agi comme lord Palmerston. C'est

dans cette nouvelle alliance, qui était encore sans
exemple historique, et pour la durée de laquelle
tous les amis de l'humanité forment les vœux les
plus ardents que repose la clef et la plus grande
force des événements. Des résultats dignes de
cette force ne se seraient pas fait attendre
sans quelques circonstances imprévues. Un nouvel allié dans cette croisade et pour ainsi dire
l'objet premier de la guerre, c'est la Turquie; mais
sa participation à la lutte vient de l'épuiser déjà au
bout de deux années; car la profonde secousse que
les événements ont imprimés à cet État, le besoin
d'une réorganisation à l'intérieur, où deux races
séparées par l'origine et la religion, les Slaves et
les Musulmans, se trouvent à la veille de changements radicaux, ne lui permettront pas, de longtemps, de peser d'un grand poids dans la balance
des événements. Nous ne voyons plus du côté de
l'Occident aucun des anciens auxiliaires de Napoléon, en 1812, à l'exception des braves et loyaux
Piémontais; surtout nous n'apercevons plus dans
la lutte ni les nations de la race romaine, qui jadis
faisaient partie de l'Empire, ni ces corps indépen-
dants de la race germanique et de l'Autriche, qui
composaient, en 1812, cette immense armée d'in-
vasion. Mais c'est surtout le plus imposant d'entre
eux, cette armée polonaise du duché de Varsovie,
qui présentait un effectif de 80,000 hommes de
troupes d'élite, qui fait défaut malgré lui, ce sont
aujourd'hui les Tzars qui ont incorporé à leur
empire la patrie de ces braves, et qui font marcher
ses fils dans les rangs de l'armée moscovite. Ils
sont forcément les alliés des Russes, et augmentent
d'un cinquième le nombre de leurs combattants.

Examinons maintenant la position de l'Allemagne vis-à-vis des parties belligérantes en général,

puis, en particulier, celle de la Prusse et de l'Autriche. Il faut remarquer d'abord que, dans la grande masse de la nation allemande, l'engouement qui existait en 1814 et 1815, en faveur de la Russie et de son empereur Alexandre, a complétement disparu pour faire place à une profonde aversion; les peuples d'au-delà du Rhin ayant compris, aux dépens de leurs libertés, que le danger réel ne vient plus aujourd'hui de l'Occident, mais bien du nord de l'Europe. Les Allemands ont senti que là, vers le pôle, existe une pensée autocratique immuable, aussi claire, mais aussi froide que la glace qui l'entoure. Ils sentent que cette pensée, se développant à pas lents, mais sûrs, finirait par éteindre toute flamme et par étouffer toute chaleur. Leurs gouvernements ne partagent point la même opinion; et tandis que la plus grande partie de leurs sujets salue avec entraînement chaque succès des alliés, eux-mêmes et leurs satellites n'éprouvent de sympathie que pour la maison des Romanow. Ces sympathies ne sont pas restées tout à fait stériles. La facilité avec laquelle se faisait l'expédition des munitions de guerre pour les armées du tzar à travers leurs territoires, le succès partiel avec lequel le dernier emprunt russe se négocia sur quelques-unes des places commerciales de l'Allemagne, en sont les preuves; et quoiqu'on cherchât à ne pas dévier encore d'une certaine neutralité apparente, les secours dont nous parlons ne laissaient pas d'être utiles à l'autocrate et nuisibles aux puissances alliées. Cette ligne de conduite politique suivie par la plupart des cours d'Allemagne, tient à beaucoup de considérations. Des liens de parenté les unissent d'abord presque toutes avec la maison des Tzars; la crainte d'une trop grande influence de la part de l'Occident, principalement de la France, les pousse vers la Russie. Mais ce qui surtout leur dicte cette politique contraire aux alliés, c'est le tiraillement continuel qui existe au sein même de la Confédération germanique, à la suite de la rivalité héréditaire de la Prusse et de l'Autriche, prétendant toutes deux à la suprématie en Allemagne. Aussi longtemps que durera cette rivalité, les pays germaniques ne suivront jamais une ligne de politique bien indépendante.

Dans le cours de la guerre actuelle, la Prusse n'a jamais caché ses sympathies pour le gouvernement russe; et, soit qu'elle agit auprès de l'Autriche ou auprès de la diète de Francfort, soit qu'elle s'adressât aux alliés, dans l'intérêt soi-disant de la médiation pacifique, il n'y avait pas à se méprendre sur sa pensée intime.

Le rôle de l'Autriche est différent. Pour l'expliquer, laissons d'abord parler les faits. Nous avons déjà dit, qu'en 1812, un de ses corps d'armée apparut bien sur l'aile droite de la grande armée française, mais sans faire beaucoup de mal aux Russes. Les troupes concentrées, en 1854, en Gallicie, sous les ordres du maréchal Hess, ont formé le pendant de cette armée d'autrefois. Après avoir fait mine de marcher en avant, comme le traité du 2 décembre devait le faire supposer, ces forces autrichiennes furent soudainement réduites à de moindres proportions. Le gouvernement russe déclara libre la navigation sur le Danube, et prétendit ne pas s'opposer à l'occupation des Principautés danubiennes par les Autrichiens, une fois ses troupes retirées au-delà du Pruth. Les corps d'occupation autrichiens furent considérés comme amis par les Russes; aussi la réduction dans leur sein s'étendit-elle sur tout le pourtour de la frontière russe, du côté du royaume de Pologne, de la Volhynie et la Podolie ; il ne fut fait d'exception que pour les troupes garnissant la lisière de la Hongrie, de la Transylvanie, et stationnées en Moldavie et en Valachie sur le flanc gauche des armées alliées, si celles-ci avaient voulu opérer sur le Danube et le Pruth. N'oublions pas qu'en même temps les garnisons de la Lombardo-Vénitie furent considérablement augmentées, surtout vers la frontière du Piémont, nation alliée à la France et à l'Angleterre.

Les conférences de Vienne se terminèrent, comme on sait, sans résultat, et l'Autriche ne bougea point ; aujourd'hui, voilà son *ultimatum* accepté par la Russie ; de nouvelles conférences vont s'ouvrir et n'aboutiront peut-être à rien ; on se demande : l'Autriche se décidera-t-elle en ce cas à agir ?

Nous répondons hardiment par un *non*, en soutenant que ce ne serait que dans un cas extrême et sous le coup d'événements extraordinaires que cette puissance prendrait parti pour l'un ou pour l'autre belligérant ; et cela, selon ses intérêts politiques, la composition de ses États lui fairaient craindre aussi bien le gouvernement de Saint-Pétersbourg que l'occident de l'Europe dans certaines aventualités. L'acceptation de son *ultimatum* l'absout d'ailleurs, jusqu'à un certain point, de toute participation active ultérieure ; et, dès à présent, la position qu'elle a prise est telle, que la non-réussite des conférences de Paris ne l'engagerait encore à rien. La cause de cette conduite de l'Autriche se trouve dans les avantages dont elle s'est mise en possession. L'occupation de la Moldavie et de la Valachie lui vaut d'immenses débouchés pour ses produits ; la libre navigation du Danube ne profite, jusqu'à présent, qu'à l'Autriche seule ; pendant que les parties belligérantes faisaient des efforts inouïs et prodiguaient le sang de leurs soldats, l'Autriche garde son armée intacte; et en même temps que la guerre dévore ailleurs des milliards, le talent et les expédients de son ministre des finances ramènent le crédit et l'argent à Vienne.

Cependant, on ne peut pas nier que le cabinet autrichien ait fait, pendant ces deux années, preuve d'une grande habileté, et nous ne voulons point assurer que l'Autriche ne soit désireuse de voir la paix se conclure enfin sur la base de son *ultimatum;* car si, jusqu'à présent, sa politique temporisatrice lui a tant profité, elle pourrait se trouver dans une position bien difficile avec ce même système, si la guerre continuait, parce qu'elle amènerait, certes alors, juste les inconvénients que l'Autriche croyait éviter par sa marche évasive. Les combinaisons du congrès de Vienne se trouvant renversées par les événements des vingt-cinq dernières années, on était autorisé à croire que l'Autriche suivrait désormais une politique large et généreuse; et c'est principalement en considération des changements radicaux introduits dans l'organisation intérieure de ses états depuis 1848, qu'on pouvait espérer qu'elle se lierait franchement aux puissances occidentales dans leur lutte contre le gouvernement moscovite, cette clef de voûte de la réaction européenne. Ces espérances, toutefois, sont déçues jusqu'à présent. A l'intérieur, les réformes amenées par la force des choses en 1848, ne sont guère développées, ou une fausse direction leur est donnée; à l'extérieur, l'Autriche évoque toujours le fantôme du congrès de Vienne pour se poser en Allemagne sur le piédestal de la Diète germanique. Son alliance avec la France et l'Angleterre est la cause principale que la guerre, a été jusqu'à ce moment sans résultat décisif.

Il nous resterait à dire un mot de la Suède; mais ce nouvel allié de la France et de l'Angleterre ne leur apporte jusqu'à présent que son appui moral; sa coopération future ne manquera cependant pas d'importance, comme cet État est sincère dans ses projets.

III

Arrivons au troisième point, c'est-à-dire à l'examen de la position militaire actuelle. La campagne de 1855 vient de finir glorieusement pour les alliés. Dans la Baltique, les flottes du Tzar ont été obligées de se cacher derrière les murs de Kronstadt et Sweaborg a été en partie brûlé. Dans la mer Noire, le port militaire de Sébastopol n'existe plus, et les mâts de la flotte russe surgissent au-dessus des ondes du Pont-Euxin, comme pour témoigner que les projets de Pierre Ier et de Catherine éprouvent un temps d'arrêt. C'en est fait, pour le moment, de la prépondérance moscovite dans ces parages, sans que l'on puisse cependant affirmer que ce soit pour longtemps.

Mais si une des premières places maritimes de la

Russie a disparu, si sa flotte ne vogue plus dans la
mer Noire, ses forces défensives sont-elles pour
cela amoindries? ses ressources sont-elles dimi-
nuées? Franchement, nous ne le croyons pas.
Quoique le Sébastopol maritime ait cessé d'exister,
le côté nord de cette place est toujours entre les
mains des Russes, qui occupent derrière la Katscha
et le Belbeck des positions tellement redoutables
que les phalanges alliées, quoique victorieuses, ont
dû renoncer à leur attaque immédiate. Dans la Baltique, Kronstadt n'est pas même entamé; et, en
Asie, les généraux du Tzar, en triomphant de la
persévérance turque et de la brave défense du général Williams, ont emporté Kars et occupé ainsi
une position des plus importantes. En résumé, le
résultat de cette guerre de deux ans, est, au point
de vue militaire, tout aussi avantageux pour ceux
qui ont pris l'offensive que pour ceux qui se défen-
daient; et, ce qui ne manque pas d'être admiré,
c'est le moral qu'ont déployé les troupes des deux
côtés.

Les explications qui précèdent ont prouvé :
1° que l'opinion, quant à la continuation de la
guerre, n'est pas la même en France qu'en Angleterre;

2° Que la situation politique générale, qui aurait
dû faire espérer des résultats plus satisfaisants par
l'alliance des puissances occidentales, de la Turquie, du Piémont et éventuellement de la Suède,
a beaucoup souffert par les sympathies russes
non équivoques du gouvernement prussien, par
l'attitude expectante de l'Autriche, et par la présence matérielle des forces vives de la Pologne
dans les rangs moscovites;

3° Que, comme simple conséquence de ce qui
vient d'être dit, les succès signalés des puissances

alliées n'ont pas eu jusqu'ici les résultats matériels qu'on était en droit d'en attendre.

Les événements n'ayant pas marché au niveau des forces qu'on a employées, un revirement politique, préparé d'abord dans l'ombre par l'intrigue étrangère, et qui dans ce moment lève la tête, a dû nécessairement se produire; revirement qui a pour but de chercher à atteindre par des conférences, peut-être même par un congrès, ce but qu'on n'a pu atteindre par la force ouverte.

Voilà la raison pour laquelle l'*ultimatum* de l'Autriche se trouva accepté par les alliés, comme une introduction à ces conférences; voilà pourquoi on les a convoqués à Paris, comme la ville la plus connable dans les circonstances données; mais la situation telle qu'on l'a faite est toujours bien difficile, et cela, en ce que les alliés ont pris trop en considération certaines alliances et trop compté sur leur coopération, et laissé échapper un succès certain en modifiant leurs bases stratégiques et en intervertissant leurs lignes d'opérations naturelles. C'est par la même raison qu'ils emploient des moyens diplomatiques insuffisants afin d'éviter le grand, peut-être le seul vrai moyen, *la Pologne*.

Leurs succès sur les bords de la mer Noire et dans la Baltique, acquis en 1854 et 1855, au prix de tant de persévérance et de valeur, n'ont encore en rien atteint les forces vitales et essentielles de la Russie. Dans cet empire immense, les moyens de défense sont renouvelés avec une rare facilité ; l'action du pouvoir y est énergique et incessante, les embarras momentanés des finances n'y produisent pas l'effet qu'on se figure en Occident; en un mot, là où la volonté d'un seul décide de tout, où il y a du fer et du pain en abondance; là où l'immense étendue du sol suffit toujours aux premiers besoins des habitants, l'action concentrée de la défense n'est guère entravée aussi longtemps que l'attaque du dehors ne dépasse pas 'a lisière pour ainsi dire du territoire. On a vu, au commencement de ce siècle, que des armées victorieuses, conduites par un des plus grands capitaines qui fût au monde, se trouvant au cœur de la Russie, ne purent encore vaincre cette résistance opiniâtre qui se manifeste de nos jours avec la même énergie ; alors, comme aujourd'hui, la guerre provenant de complications purement diplomatiques, et conduite seulement par des moyens stratégiques, n'a pas eu les résultats qu'on en attendait ; parce qu'alors, comme aujourd'hui, on n'a pas songé que, pour réduire un gouvernement comme le gouvernement russe, se posant depuis des siècles comme le chef d'une race entière et qui trouve peut-être justement dans cette prétention sa force principale, il faut des moyens particuliers analogues, et que des notes diplomatiques, des mouvements d'armée n'y suffisent pas.

Les Polonais seuls sont en position et en état de connaître et d'employer ces moyens. L'année 1812 a vu expier cruellement la faute qu'on ne s'est pas appuyé sur ceux qui pouvaient seuls encore contrebalancer le tzarisme dans la Slavie. Les 80,000 soldats du duché de Varsovie n'étaient qu'une faible fraction des Polonais, qui auraient voulu et qui auraient pu combattre avec succès à côté des Français. En acceptant leurs services, sous condition d'une existence nationale et libre, Napoléon aurait vu, en 1813, sa grande armée à Saint-Pétersbourg, au lieu de trouver celle d'Alexandre Ier à Leipsig. Les offres des Polonais furent refusées. Des considérations pour l'Autriche empêchèrent Napoléon de réaliser les vœux des patriotes. L'assistance d'un corps d'armée autrichien sous le commandement de Schwarzenberg en Volhynie, était-elle un équivalent suffisant? Valait-elle le pays et toute la nation polonaise offerts comme base de la campagne de l'année suivante? Un an ne s'écoula pas, et le prince de Schwarzenberg commandait à Leipsig les armées alliées contre la France ; tandis que les enfants de Kosciuscko lui restaient fidèles jusqu'au dernier moment. Souvenons-nous des paroles mémorables que Napoléon a prononcées à Sainte-Hélène. « En rétablissant la Pologne, cette « véritable clef de voûte, je ne me réservais que la « gloire du bien, les bénédictions de l'avenir ; « jamais je n'avais mieux fait, jamais je ne méritai « davantage; et c'est cependant là que j'ai échoué. » — Et puis : « La Russie est une véritable hydre à « plusieurs têtes, elle est l'Antée de la fable antique ; « — ceux qui ont consenti à la réunion de la Po- « logne à la Russie encoureront le blâme de la pos- « rité, quand le Sud de l'Europe sera la proie « des barbares du Nord. » Las Cases, O'Meara et le *Mémorial de Sainte-Hélène* sont là pour attes- ter l'authenticité de ce que nous venons de citer.

Une semblable combinaison est, de nos jours, sur le tapis, quoique sous des formes toutes nou- velles et dans des circonstances plus compliquées. Eh bien! malgré les avertissements du passé, le seul agent qui aurait pu agir le plus efficacement contre les Tzars et leur empire est encore laissé de côté; tandis que, comme jadis, on se fie plutôt à des alliances mal définies et incertaines : aussi des conséquences proportionnées à la situation ne se sont guère fait attendre!

Les propositions qui seront présentées aux con- férences résoudront-elles cette question que le glaive n'a pas pu trancher? Offriront-elles une ga- rantie réelle à la sécurité de l'Europe? En opposant même le cas d'une entente complète sur les questions du moment, la manière dont les Tzars ont eu l'habitude d'interprêter les traités est trop connue pour ne pas supposer qu'ils n'en dévieront pas plus cette fois encore, quand le moment favorable sera arrivé. La cession d'une partie de la Bessarabie redeviendra une simple affaire de régularisation des frontières sujettes à être rectifiées de nouveau. Sébastopol n'existera pas, mais le liman du Dnieper avec Cherson, et surtout Nikolajew, tout modestement placé dans la rivière du Boh, avec ses chantiers, ses arsenaux et quelques travaux complémentaires, ne laisseront pas de remplacer peu à peu, mais très-efficacement, tout ce qui a été perdu dans la mer Noire. La suprématie du Saint-Synode de Saint-Pétersbourg sur les autres grecs schismatiques de l'Orient doit cesser; mais empêcherez-vous les popes, les archimandrites de tous ces pays, de communiquer entre eux et de s'entendre pour le bien de leur sainte église et la gloire de leur chef, le Tzar de Saint-Pétersbourg? Quelles garanties pourront offrir les conférences contre les mouvements des forces russes par terre, lorsqu'en face de deux cent mille soldats alliés qui se trouvent dans l'Orient, sans flotte dans l'Euxin, et avec de faibles moyens de transport, nous avons vu Mourawieff s'avancer dans l'Asie Mineure, et occuper à Kars une position centrale qui domine la Turquie asiatique. Comment peut-on supposer que certains articles, votés et acceptés sauront arrêter la Russie dans sa marche aggressive?

Supposons la paix faite, les alliés retirés, ce qui arrivera tôt ou tard, pour une raison ou pour une autre, la Turquie restera seule en face de son ennemi. Les Tzars trouveront toujours leur grande route de Constantinople ouverte en Europe, comme en Asie, lors même que la mer Noire leur serait fermée. La Turquie ne sera pas assez forte pour s'opposer un instant même aux projets de la Russie ; projets qui auront été sans doute plus murement médités que ceux que Nicolas a essayés de mettre à exécution ; et, certes, les peuples slaves, voyant dans la Russie un digne et presque invincible rival de la France et de l'Angleterre, ne lui opposeront pas d'obstacles sérieux.

Le Tzar, cédant pour le moment sur des points secondaires, ressemble à ce Briarée qui, jeté par terre, se relevait avec des forces redoublées. L'acceptation de l'*ultimatum* lui aura donné un moment de répit pour remonter ses forces naturelles. Soyez convaincus que l'autocrate ne cédera sur aucun point qui le mettrait dans l'impossibilité de reparaître de nouveau et très-vigoureusement dans la lice. Si la paix se fait, ce n'est qu'au gouvernement russe qu'elle profitera. Les esprits critiques et les trembleurs nous demanderont de quelle façon il faudrait donc terminer cette guerre, pour ne plus avoir à la recommencer, puisqu'il se trouve que les forces imposantes des alliés n'y ont pas réussi, et que nous prétendons que les conférences n'y suffiront pas.

Le premier moyen serait d'adopter avec énergie des propositions *très-précises*, et qui paraliseraient l'action envahissante des Tzars. Elles ne seraient certainement pas acceptées : les conférences étant en conséquence dissoutes, il ne resterait aux alliés qu'à déclarer d'une manière péremptoire : « Que « ceux qui ne seront pas avec eux seront contre « eux ; » et ce n'est qu'alors seulement qu'on les verrait trouver un champ tout à fait libre pour développer leurs véritables ressources.

Mais c'est la guerre générale, s'écriera-t-on?

Certes, un ennemi ouvert est souvent moins à craindre qu'un ami faux ou douteux; et, en tous cas, ce n'est qu'ainsi qu'on sera libre de chercher des nouveaux alliés, là où depuis longtemps ils vous attendent. Une fois ce principe romain admis qu'on ne tolérera pas les neutres, il faudra bien élargir la sphère de vos moyens, puisqu'en changeant de système on trouvera des ennemis là où on croyait voir des amis, ou du moins des indifférents ; mais le moyen propre à contrebalancer tous les adversaires de l'alliance occidentale est tout prêt, il se trouve dans les nationalités, comme celles des Polonais, des Italiens et des Slaves.

Ici de nouveau les Polonais jouent le rôle principal, leur nom seul suffit pour faire parfaitement comprendre la portée de cette alliance. Leur cause est comme le soleil, qu'on voit partout ; ceux qui la nient, sont ou nés aveugles ou ferment les yeux afin de ne pas voir. En appelant à l'action ces martyrs de l'histoire moderne, un hommage sera rendu à la justice, au moins autant qu'à la prudence; c'est un allié entrant dans la lice qui même aujourd'hui, dans son dénument, en vaut beaucoup d'autres. Les adversaires de la Russie se font le plus grand tort en abandonnant cette arme ou en la laissant de côté. Quand à la cause polonaise, elle pourra, par cet abandon, se trouver refoulée un instant, mais jamais perdue. Une nation ne meurt point, lorsqu'elle vient de donner, depuis si longtemps, des preuves d'une vitalité incontestable et inépuisable. Ne croyez pas cette nuée d'agents répandus à travers l'Europe et dont les plus habiles se sont, dans ce moment, donnés rendez-vous à Paris. Ils ont pour mission de plaider la cause de la Russie; ces agents ou agentes déployent les formes les plus élégantes et les plus gracieuses, auxquelles parfois l'homme d'État le plus consommé se laisse prendre ; ils vous représenteront sur tous les tons que la Pologne est morte : du reste, ceux là font simplement leur métier. Mais surtout n'écoutez pas ces autres hommes d'une souche pourrie, les pires de tous, s'accommodant du joug qui pèse sur leur patrie, à cause de leurs vues égoïstes, coudoyant la valetaille dans les antichambres de leurs oppresseurs ; ceux-là heureusement ne forment pas une règle, mais l'exception. Suivez avec attention l'histoire des Polonais, observez leurs efforts passés ou présents, et vous verrez bientôt quelle force morale est dans cette nation, et combien il est sûr qu'elle sera un jour indépendante : ou par vous et avec vous, ou même sans vous.

Il est vraiment bien étonnant que, depuis le premier partage de la Pologne, tous les ministres de la Grande-Bretagne n'aient jamais envisagé la cause polonaise sous son vrai point de vue et ont craint, en quelque sorte, une reconstitution de la Pologne. Nous sommes forcés de le déclarer, nous ne reconnaissons pas, sous ce rapport, la perspicacité ordinaire des Anglais, ni leur coup-d'œil pratique, quand nous les voyons s'opposer ou du moins ne pas s'intéresser à l'indépendance d'un peuple dont l'existence ne saurait que lui être favorable et utile. La tâche de la nation anglaise est d'indiquer à son gouvernement, par l'action de l'opinion publique, le vrai chemin à suivre. Il est à craindre que la ligne politique suivie à ce sujet par le cabinet de Saint-James, n'ait influé dans ce temps sur le ministère des Tuileries ; car les Polonais attendent encore cette voix française qui leur a parlé dans d'autres temps et qu'ils chérissent depuis des siècles.

Qu'il nous soit permis de dire ici un mot sur le développement du sentiment national en Italie, pour expliquer l'importance qui se rattache à sa coopération éventuelle.

L'Italie, qui a surgi des décombres de l'Empire romain occidental, à travers la domination d'Alaric, l'occupation des Ostrogoths sous Théodorich et la conquête des Longobards d'Albion, se forma, durant ce débat pendant sept siècles, jusqu'à l'arrivée de Charlemagne, vainqueur du roi Desidère, et couronné empereur romain, en 800, à Rome, par le pape Adrien. Toute l'Italie régénérée le reconnut alors pour maître, et nous la voyons ainsi, pour la première fois, réunie sous un seul souverain, comme unité politique. C'est de ce temps que datent les prétentions des empereurs d'Allemagne à la domination sur l'Italie ; elles furent renouvelées et soutenues par Arnoul et Othon II, par Frédéric II et plusieurs autres princes germaniques, ces prétentions ont continué à subsister jusqu'à nos jours ; mais, à travers les longues guerres qu'elles ont suscitées, elles eurent l'excellent résultat d'éveiller l'esprit public et le sentiment national des Italiens, d'abord dans les villes maritimes comme Venise, Gênes ; puis dans l'union des villes libres, Milan en tête ; dans la puissante opposition des papes enfin, qui se posèrent en adversaires des empereurs, dans un intérêt italien. La rupture qui éclata, en 1072, entre Grégoire VII et Henri IV, à cause de l'investiture ; ensuite la lutte d'Alexandre III contre la toute puissance de Frédéric Barberousse, donnèrent l'essor à ce long combat des Guelfes et des Gibelins, c'est-à-dire les partisans de pouvoirs nationaux et ceux de la domination étrangère.

Les Papes, avec les villes libres étant à la tête

des Guelfes, se partagent dès lors l'influence en Italie, avec les empereurs à la tête des Gibelins ; et si ce n'est pas ici la place d'écrire l'histoire de l'Italie, nous mentionnerons cependant l'occupation de la Sicile et de Naples par les Normands, la conquête de la Sicile et de la Corse par les Sarrasins, l'établissement de la maison d'Anjou sur le trône de Naples, et celui de la maison d'Aragon en Sicile, parce que l'esprit national des Italiens se montra à ces occasions dans tout son éclat. Charles d'Anjou et Robert le Sage se trouvent eux aussi à la tête des Guelfes, s'opposant par politique aux empereurs. Les Guelfes représentèrent plus tard, dans les villes, le parti contre la noblesse ; et quand il se fut donné des maîtres, ils représentèrent la tyrannie contre les républiques, appelées alors gibelines, parce que les empereurs les soutenaient contre les chefs des villes libres, qui parvinrent, comme on sait, à un haut degré de prospérité. Nous ne nous arrêterons pas à esquisser ici les changements politiques survenus à Milan, se donnant les Sforza et les Visconti comme princes ; à Florence, où un âge d'or commence sous les Médicis ; à Gênes et à Venise, ces reines des mers, avec leur constitution aristocratique ; mais l'histoire de ces divers États nous prouve que la vie chez les Italiens s'étant éveillée et développée dans la sphère politique, comme dans les sciences, les lettres et les arts, ils furent désormais placés au premier rang parmi les nations.

Les guerres de Charles-Quint et de François Ier, causées par leur rivalité, troubla de nouveau le repos de l'Italie. La guerre de la succession d'Espagne finit par amener les Bourbons sur le trône de Naples ; et ces deux guerres furent la source de nouveaux malheurs pour l'Italie ; mais la révolution française, et à sa suite l'occupation des pays italiens par la République et par l'Empire, sous lesquels réapparaît de nouveau le nom du royaume d'Italie, donnèrent un nouvel élan à l'idée de cette unité italienne, préparée et mûrie par tant de faits historiques. Il n'y a plus aujourd'hui ni Guelfes ni Gibelins ; mais une pensée subsiste en Italie, c'est celle de l'indépendance et de la liberté commune. L'année 1848 est trop près de nous pour qu'on puisse nier cette vérité ; et si nous avons vu l'Italie depuis les temps les plus reculés opposer une vive résistance aux occupations étrangères, qui donc pourrait douter qu'elle entrerait volontiers de nos jours en alliance avec l'Occident, en cas d'une guerre générale ? Depuis qu'ils sont sortis du dédale de la domination barbare, jusqu'aux temps les plus modernes, les Italiens ont essayé, de toute manière, d'arriver à la hauteur d'une existence nationale et de s'y maintenir. Ils possèdent toutes les conditions d'une vie politique unie et indépendante. Pourquoi ne pas appeler ce fleuron parmi les pays de l'Europe à la guerre de l'indépendance et à l'unité. Les Italiens, qui, comme poètes, font tressaillir le monde, comme peintres, vivifient la toile, et comme sculpteurs, font mouvoir le marbre, ne sauraient-ils pas faire parler les hommes ?

Les Slaves, ces peuples d'antique origine répandus depuis l'Adriatique jusqu'au pôle boréal, dans l'Est de l'Europe, fortement ébranlés depuis le commencement de notre siècle, et pleins des souvenirs de leur ancienne grandeur et indépendance, suscités par a guerre actuelle ; ces Serbes, ces Croates et Dalmates, ces Slavoniens, Russiens et beaucoup d'autres constituent un élément de force qui, s'il est employé dans sa sphère d'action naturelle, offrira un résultat colossal. C'est vers l'Occident, d'où vient depuis deux siècles tout le mouvement des idées, qu'ils tournent leurs regards ; c'est surtout en la France qu'ils espèrent. Nous avons déjà exprimé notre pensée à ce sujet dans quelques écrits antérieurs, tels que la *Pologne parmi les Slaves* ; maintenant que la guerre vient de surexciter ces peuples, ils se souvient vivement de leur ancienne splendeur sous les Sviatopelk, les Douchan, les Wladimir; ils se sentent dignes de marcher avec les alliés contre leurs oppresseurs ; et leur coopération est d'autant plus importante, qu'ils sont, par leurs qualités, comme par leur position géographique, bien appelés à contrebalancer avec succès celles des puissances européennes qui, dans ces nouvelles combinaisons, se tourneraient probablement contre l'Occident.

Ils sont des auxiliaires tout prêts à se placer du côté de la France et de l'Angleterre, si la guerre prenait enfin de vastes proportions, et sortait de la sphère diplomatique et stratégique actuelle. Nous ne parlons pas ici ni des Roumains, ni des Hongrois, les premiers étant enclavés et les seconds tellement entremêlés avec les nations slaves, qu'ils doivent naturellement suivre le grand mouvement, qui, d'une manière ou d'une autre, se ferait parmi les peuples de cette race.

Qu'on ne craigne pas de tomber dans l'anarchie et le désordre en appelant ces nations et leurs patriotes qui travaillent pour l'indépendance de leurs nations ; car il y a une différence extrème entre eux et ces hommes fomentateurs de désordres dans les pays plus avancés en civilisation tribuns sachant détruire, mais ne pouvant ni ne voulant constituer. Ces patriotes, dont tous les efforts tendent au réta_ blissement des nationalités grandes et libres, parmi lesquelles ils sont nés, et par-là au bien de l'humanité entière, vous attendent en silence et sont prêts à vous suivre. Ils n'ont pas pris l'initiative pendant ces deux dernières années, désirant ne plus entraver la marche que vous vous proposiez, croyant avec confiance qu'elle ne saurait ne pas être favorable à leur cause. L'histoire et les circonstances actuelles sont d'ailleurs les meilleures garanties que leur coopération s'accordera, de toute nécessité, avec le plan général adopté par vous. La Pologne, qui, jusqu'à présent, a toujours suivi les mouvements de la France, ne reniera pas son passé; en 1807 elle accepta la Constitution du duché de Varsovie, à laquelle elle resta fidèle jusqu'à la fin.

L'Italie, dont nous avons mentionné la vitalité, possède déjà un drapeau tricolore pour signe de ralliement national. L'exemple que donne en ce moment le Piémont, les libertés qui s'y sont sagement développées et la part distinguée que son armée a prise à la guerre d'Orient, indiquent clairement qu'il y a, au-delà des Alpes, un point de ralliement régulateur. Le mouvement nécessaire, la coopération demandée, c'est à vous à l'exécuter en temps opportun.

Les Slaves offriront une main fraternelle à ceux qui voudront les faire sortir de leur néant politique, de leur inaction séculaire. Encore une fois, ce ne sont que des esprits machiavéliques qui peuvent essayer de rendre suspects, ou de qualifier d'anarchie ces efforts qui ont inscrit sur leur drapeau : « *Indépendance nationale;* » efforts éveillés d'ailleurs par l'esprit général des idées venues de l'Occident. Toute nation qui en est pénétrée, vous devient un allié naturel. Du reste, la raison d'État conseille et le passé indique ces alliances tant à la France qu'à l'Angleterre. La Grèce, dans sa lutte mémorable pour reconquérir une indépendance perdue depuis quatre siècles, fut assisté par les gouvernements de ces deux pays, qui malgré l'épuisement de ses forces, firent reconnaître son indépendance par les traités de 1827. Le soulèvement des Hollandais contre l'Espagne fut ouvertement secouru par Elisabeth d'Angleterre ; la France aussi l'assista ; et cette grande monarchie espagnole, qui régnait alors dans les deux hémisphères, dut reconnaître, en 1609, l'émancipation de ces provinces. Le Portugal lutta durant 28 ans pour son indépendance contre les Espagnols, et fut également assisté d'abord par les Français, qui lui envoyèrent le général Schomberg, puis par Charles II, roi d'Angleterre, en 1662, avec des troupes et de l'argent. Si la France et l'Anglegleterre ont, à trois époques différentes, secouru trois nations différentes à reconquérir leur indépendance, elles ont agi ainsi par raison d'Etat beaucoup plus que par sentiment ; parce que, en politique, il n'y a pas de sentiment. Elles aidèrent les Grecs pour satisfaire à l'opinion générale et pour contre-balancer l'influence russe sur les populations chrétiennes du Levant, et elles se trouvaient être des alliés naturels de la Hollande et du Portugal contre l'Espagne , puissance alors prépondérante. Pourquoi ces précédents ne seraient-ils pas applicables aujourd'hui aux diverses nations dont nous avons parlé, et qui peuvent soit abattre le tzarisme, soit contenir ses alliés ouverts ou cachés ? On nous dira que les peuples en question ne sont pas encore armés ; mais nous avons expliqué pourquoi ils ne sont jusqu'à présent que spectateurs impatients.

En attendant, la Pologne et l'Italie continuent une lutte sourde contre leurs oppresseurs Elles n'attendent qu'un mot pour passer à l'action ouverte, et ce n'est qu'alors qu'on appréciera toute leur importance, à condition, nécessairement, que l'indépendance à l'extérieur et la liberté à l'intérieur leur soient garanties. Les autres peuples slaves sont sûrs de suivre l'exemple de leurs frères aînés, les Polonais. Tout dépend de l'attitude que les puissances alliées croiront devoir prendre en ce moment.

Lorsque la guerre d'Orient commença en 1854, un saint principe fut mis en avant, celui de la justice, de l'équité, du désintéressement. L'idée était grande de le proclamer, consacrant ainsi une ère nouvelle dans laquelle devaient se réparer nécessairement les injustices commises contre les nationalités. Une paix avec les empereurs de Russie, résultat des conférences actuelles, ressemblerait à une bride vermoulue, par laquelle on voudrait retenir un cheval fougueux, et qui, au premier mouvement, casserait en mille morceaux. Le cabinet de Saint-Pétersbourg secouera ces articles conférentiels à la première occasion, amenée par lui-même ou présentée par le hasard ; il s'y prépare, en tout cas, et de longue main. Que deviendraient alors la Turquie et toute la Slavie ? Que deviendrait la Pologne elle-même, si l'Occident l'abandonne encore dans la présente circonstance ? Il ne faut pas se le cacher, la réaction dans l'est de l'Europe, commencerait en ce moment en faveur de la Russie et, irait toujours en augmentant, si celle-ci, sortie saine et sauve de la guerre actuelle, grâce aux conférences, accorderait quelques légères concessions à ses peuples, chose très-vraisemblable, mais qui ne changerait en rien le fond du système gouvernemental. L'esprit des Russes s'est tellement développé dans cette guerre de deux ans, que l'autocrate sera bien forcé de leur octroyer quelques faveurs, en hasardant quelques réformes. Sous la fascination active de ces innovations, la majorité des Slaves, abandonnés par l'Occident, qui, du reste, aura bien perdu à leurs yeux, pour n'avoir pas pu décidément vaincre les Tzars, tournera entièrement ses regards vers ces derniers, les peuples de cette race étant arrivés à cet état mental qui n'exclut plus aucun moyen pour arriver à une existence nationale ; et s'ils n'ont pas l'assistance du monde civilisé, ils chercheront leur salut dans la force absolutiste et centralisatrice du gouvernement russe. Quant aux Polonais, ils se verront, certes, obligés de lutter. de nouveau, comme par le passé, pour leur indépendance, et pour contrebalancer de nouveau, parmi leurs frères de la même race, les résultats peu satisfaisants de la conférence. Mais ne se fatigueront-ils pas ne seront-ils pas à la fin épuisés de ce combat tantôt ouvert et tantôt sourd qui dure depuis un siècle ? Une fois, le gouvernement russe ayant échappé au cataclysme qui le menaçait, les conséquences de ce fait ne se feront pas longtemps attendre, car il serait arrivé contre les lois de la justice, de la nature elle-même ; et on ne les transgresse jamais impunément. La paix qu'on croirait avoir consolidée, ne serait qu'un pur mensonge ; et loin d'être arrivés à établir un ordre de choses stable, on n'aurait fait que poser une base de complications incalculables. Une entente finale entre le gouvernement russe et les puissances occidentales que quelques idéologues rêvent et que des hommes de calcul appellent de leurs vœux, est impossible à la longue ; parce qu'elle se trouve contraire à l'esprit généreux et éclairé qui anime la France, et qui se prononce si fortement en Angleterre. Dans ce cas on verra arriver le moment où une nouvelle et formidable puissance sera sur le point de se lever sur les confins de l'Europe et de l'Asie, destinée peut-être à les dominer toutes deux un jour. Alors une grande aurore boréale embrassera tous les peuples de la Slavie, et l'étoile polaire commencera à rayonner du Nord au Midi, de l'Est à l'Ouest. Mais nous avons vu, de notre temps, s'accomplir des choses tellement extraordinaires qu'il n'est pas permis de douter que notre époque ne soit destinée à en voir de plus grandes encore. Nous avons toujours l'espérance que cette pensée élevée, qui a cimenté aussi fortement l'alliance occidentale, qui est parvenue si logiquement à l'imposer à la France, en augmentant la gloire et la grandeur de la nation, nous croyons que cette pensée salutaire ne s'arrêtera pas à moitié chemin, qu'elle exécutera son programme en rétablissant le vrai équilibre européen. Nous nous flattons que la sagesse de ceux qui, dans ce moment, ont les destinées des peuples entre leurs mains, sera à la hauteur de la grande tâche qu'ils se sont imposée à eux-mêmes, et qu'en écartant avec fermeté et persévérance les obstacles qu'ils rencontrent sur leur chemin, ils poursuivront les véritables routes qui peuvent seules assurer le succès tant souhaité par tous les cœurs honnêtes et généreux, qu'ils se dirigeront toujours, et jusqu'au bout, sur cette étoile, qui, en les guidant, avait dit : « Justice, équité, désintéressement. »

Sceaux. — Imprimerie de Munzel frères.